C000060991

1 MONTH OF
FREE
READING

at

www.ForgottenBooks.com

By purchasing this book you are
eligible for one month membership to
ForgottenBooks.com, giving you
unlimited access to our entire
collection of over 1,000,000 titles via
our web site and mobile apps.

To claim your free month visit:
www.forgottenbooks.com/free957283

* Offer is valid for 45 days from date of purchase. Terms and conditions apply.

ISBN 978-0-260-57740-5
PIBN 10957283

This book is a reproduction of an important historical work. Forgotten Books uses
state-of-the-art technology to digitally reconstruct the work, preserving the original format
whilst repairing imperfections present in the aged copy. In rare cases, an imperfection in
the original, such as a blemish or missing page, may be replicated in our edition. We do,
however, repair the vast majority of imperfections successfully; any imperfections that
remain are intentionally left to preserve the state of such historical works.

Forgotten Books is a registered trademark of FB &c Ltd.
Copyright © 2018 FB &c Ltd.
FB &c Ltd, Dalton House, 60 Windsor Avenue, London, SW19 2RR.
Company number 08720141. Registered in England and Wales.

For support please visit www.forgottenbooks.com

MICROCOPY RESOLUTION TEST CHART

(ANSI and ISO TEST CHART No. 2)

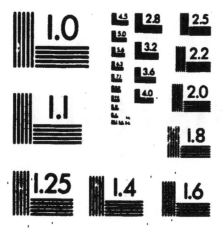

APPLIED IMAGE Inc

1653 East Main Street

D.-M.-A. MAGNAN, ptre

UNE INTÉRESSANTE HISTOIRE

Jean FAISCIER et Michel PORTELANCE

"TENE QUOD HABES"

TRACT No 9

DE LA

LIGUE DE RALLIEMENT FRANÇAIS
EN AMÉRIQUE

Ligue de Ralliement Français en Amérique

Fondée à Boston le 23 janvier 1919

Mot d'ordre : *TENE QUOD HABES*

Président d'honneur :

M. l'abbé J.-J. RICHARD, Nashua, N.-H.

COMITÉ EXÉCUTIF

Président : M. J.-H. GUILLET, avocat, Lowell, Mass.
1er vice-président : M. l'abbé C. VILLIARD, Woonsocket, R.-I.
2e vice-président : M. Elphège DAIGNEAULT, avocat, Woonsocket, R.-I.
Secrétaire : M. l'abbé J.-A. FAUTEUX, Woonsocket, R.-I.
Secrétaire-adjoint : M. l'abbé Ernest MORIN, Woonsocket, R.-I.
Trésorier : M. l'abbé W.-A. PRINCE, Woonsocket, R.-I.

COMITÉ DES FINANCES

Mgr Jean-A. PREVOST, Fall River, Mass. ; M. l'abbé J.-H. BELAND, Central Falls, R.-I. ; M. l'abbé J.-R. BOURGEOIS, Arctic, R.-I.

COMITÉ DE PROPAGANDE

MM. les abbés Edouard LARAMEE, Rumford, N.-Y. ; J.-A. BACHAND, Plattsburg, N.-Y. ; L. DESROCHERS, St. Albans, Vt. ; Eugène GAUTHIER, Oldtown, Me. ; Frédéric DESSUREAULT, Versailles, Conn. ; A. LANDRY, rue Harrich, Springfield, Mass. ; J.-E. CHICOINE, Leominster, Mass. ; L.-D. GRENIER, Worcester, Mass.

COMITÉ DE CENSURE

MM. les abbés H.-J. BRODEUR, Fall River, Mass. ; Tancrède BEAUREGARD, rue Howard, Springfield, Mass., et M. Adolphe ROBERT, rue Elm, Manchester, N.-H.

LA LIGUE DE RALLIEMENT FRANÇAIS
'EN AMÉRIQUE
WOONSOCKET, R. I.

D.-M.-A. MAGNAN, ptre

UNE
INTÉRESSANTE
HISTOIRE

Jean FAISCIER et Michel PORTELANCE

"TENE QUOD HABES"

TRACT No 9
DE LA
LIGUE DE RALLIEMENT FRANÇAIS
EN AMÉRIQUE

UNE INTÉRESSANTE HISTOIRE

Jean FAISCIER et Michel PORTELANCE

L'auteur du présent tract a fait depuis nombre d'années une étude suivie et consciencieuse de la condition des Canadiens français dans les divers milieux où ils se trouvent, tant dans l'est que dans l'ouest des États-Unis. Il n'est rien qu'il n'ait vu des constatations qu'il nous relate, tant dans le présent travail que dans les volumes qu'il a déjà publiés sur ce sujet. Quatre autres études de la plume du même auteur suivront celle-ci.

La RÉDACTION.

Jean Faiscier dit Lelâcheur, en dépit de son nom un peu étrange, a du sang français dans les veines, c'est incontestable.

Son ᵖmier ancêtre canadien faisait partie du régiment de riguan et la lignée de ses aïeux, presque trois fois centenaire, s'est déroulée tout près de Québec sans que rien ne soit venu altérer la pureté de son origine normande.

Jean Faiscier lui-même, comme l'atteste la double autorité des registres de l'état civil et religieux, est né à Saint-..... de Bellechasse dans une antique maison ayant, à proximité, son four à pain et son puits à margelle et à brimbale.

Quatrième enfant d'une famille assez nombreuse, (vingt-trois je crus), il émigra aux États-Unis à l'âge de dix-sept ans, vers l'année 1866.

C'était alors le temps où les campagnes de la province de Québec se dépeuplaient au grand détriment du Bas-Canada, mais au profit des industries américaines qui surgirent, comme par enchantement, après la guerre de sécession.

Jean n'était pas un génie, mais ce qu'on peut appeler un *bon garçon*.

Sobre, honnête, laborieux, assez bon chrétien, il voulait non seulement gagner sa vie mais acquérir l'aisance, sinon la fortune.

Comme la plupart de nos compatriotes émigrés vers cette époque, il exerça différents métiers. Garçon de ferme au Vermont, où il apprit un peu d'anglais, tisserand à Manchester, camionneur à Boston, bûcheron au Michigan, mineur en Californie, cardeur à Fall River, il finit par aller demeurer à Worcester où il se maria avec une excellente jeune fille récemment venue du Canada. C'est là que je le vis pour la première fois.

Jean Fai... ier avait alors trente-cinq ans. Comme tout bon Canadien, il avait une famille nombreuse. Sept ou huit enfants, je crois, encore en bas âge.

Seulement, ce qui me frappa quand je pénétrai dans son logis ce fut, comment dirai-je?... l'absence presque complète de ces mille et une choses qui caractérisent l'intérieur canadien.

Il y avait bien ça et là quelques images pieuses, quelques portraits de famille, un chromo représentant sainte Anne de Beaupré, mais c'est tout. Tout le reste était américain. Georges Washington trônait au salon, à côté d'Abraham Lincoln. Les généraux Thomas Sherman, Grant, Sheridan, les uns à pied, les autres à cheval, figuraient dans cette galerie patriotique avec l'amiral Ferragut.

Puis, le mobilier lui-même déroutait ma juvénile inexpérience. Les chaises, les fauteuils, les canapés, les tables, les buffets, les commodes, ' chambres à coucher et leurs accessoires, enfin jusqu'au poêle de cuisine avaient un cachet, un style ou mieux, une absence de style que je reconnus plus tard pour du pur Yankee.

Ma surprise redoubla quand nous nous mîmes à table. Au lieu d'une bonne soupe suivie d'un fricot substantiel, comme on en sert au Canada quand il y a de la visite; au lieu de la pièce de résistance qui complète le

fricot : le fameux pâté à la viande; on mit sur la table ...
devinez... Des *Boston beans*, des *Sausages*, des *cakes* de
différentes formes , des cornichons et puis... le triomphe
de la cuisine américaine, un superbe *mince-pie* ! !

Ce repas, je me le rappelle comme d'aujourd'hui,
me réservait bien d'autres étonnements. Les enfants
dont la plus vieille pouvait avoir douze à treize ans, étaient
venus se ranger autour de la table familiale. à l'exception
des deux derniers, évidemment trop jeu? pour figurer
à un repas où il y avait des étrangers.

Tous se tenaient bien, il faut l'avouer. Mais pas un
en s'adressant à sa mère ou son papa pour demander
quelque chose, ne sut employer un mot français.

Tous parlaient l'anglais.

Voyant la surprise se traduire dans ma contenance,
dans mes yeux surtout. le père qui prit cela pour l'admira-
tion d'un Canadien fraîchement. déballé, me dit avec
orgueil : « Mes enfants ne savent pas un mot de français ».

Puis, avec un ton d'outrecuidance qui me navra :
« Nous passons ici pour des Américains ».

Mais votre nom ? hasardai-je timidement.

« Mon nom ? » me répondit-il en riant, « n'est plus
Faiscier, mais Fletcher ! »

Il n'était pas convenable, éta.. son hôte, . lui faire
la leçon. Aussi gardai-je le silence.

Cependant, cette mentalité, pourquoi ne _ dirai-je
pas ? ce phénomène m'intriguait. Je me demandais,
à part moi, comment il se faisait qu'une langue à nulle
autre pareille, qu'une race aussi noble que la nôtre, que
ses traditions surtout si foncièrement chrétiennes fussent
devenues, pour un Canadien français, un bagage encom-
brant, une tare, dont il voulait préserver ses descendants.
Jean Faiscier, trop obtus pour lire dans ma pensée, mais
avec ce besoin de vantardise dont sont parfois affligés les
parvenus. car il en était un à cette heure, me fournit
bientôt. de lui-même, les différentes réponses à toutes les
questions qui se pressaient dans mon cerveau.

Voulait-il aussi, en même temps, faire l'éducation
d'un nouveau sujet de l'oncle Sam ? C'est possible.

Les anciens, c'est-à-dire, ceux qui précèdent les autres dans une carrière quelconque ont assez souvent la manie de vouloir *piloter* les débutants et leur prodiguer conseils et renseignements.

Jean Faiscier, je le vois encore avec sa figure totalement rasée, son crâne prématurément chauve, où le peigne avait, à grande peine, tracé, de l'occiput au front, la ligne divisant, en deux parts égales, les quelques cheveux blonds filasses qui s'étaient obstinés à rester là, Jean Faiscier, dis-je, après s'être assis à l'américaine, cela veut dire les pieds plus hauts que la tête, commença, tout d'abord, à me narrer son histoire. Comme je ne me propose en aucune façon de donner ici un cours de géographie, j'en ferai grâce à mes lecteurs. Puis, quand il eut fini son intéressante épopée domestique qui dura au moins deux bons cigares fumés à petites touches, il me fit tout à coup dresser l'oreille en disant dans son langage ni anglais ni français :

« Les Canadiens ont tort de vouloir rester Canadiens dans un pays comme le *nôtre*. C'est bon ça pour ceux qui viennent passer quelques années aux États-Unis avec l'intention de retourner au Canada ».

Comme, je ne soufflais mot, prenant mon silence pour une adhésion, il continua en s'animant : « J'ai toujours refusé d'appartenir à une paroisse de langue française. Il n'y a pas longtemps, on est venu me demander de signer une requête où il était question d'organiser ici, à Worcester, une nouvelle paroisse canadienne... j'ai pas voulu... Ils sont ici une poignée de Canadiens, dans le quartier, cent cinquante familles, tout au plus... Il y a déjà Notre-Dame pour ceux qui ne savent pas l'anglais ; c'est assez... Imaginez, cent cinquante familles, pauvres, pour la plupart, acheter un terrain, bâtir une église, un presbytère et, par-dessus le marché, une école ! L'école, ha ! oui l'école, c'est à cela qu'ils tiennent surtout ces Canadiens arriérés, comme si celles (il disait les *ceuses*) du pays n'étaient pas suffisantes.

« J'en parlais tout juste hier au P. Fitzgerard notre curé. Il me dit : « Pourquoi une nouvelle paroisse canadienne ? Je sais un peu le français ; dites (ici il se mit à parler français) à ces gens bons que je étais capable de pointer dehors toutes les sermons du *gospel* ».

« Aussi, je les ai envoyés promener avec leur requête. »

D'ailleurs, ajouta-t-il d'un ton confidentiel, je ne tiens pas à me créer des ennemis. On doit plus à sa peau qu'à sa chemise. »

« Garçon, finit-il par me dire, après une pause, soyez pratique; faites pas de zèle intempestif et laissez la race se débrouiller comme elle voudra. Travaillez pour vous et seulement pour vous.

« Quand vous aurez fait fortune, si vous avez besoin des Canadiens, vous pourrez alors leur rappeler que vous êtes Canadien. »

Ces conseils me paraissant un peu égoïstes, je ne pus m'empêcher de lui dire : « Mais n'y a-t-il rien en dehors de l'intérêt personnel ?

Oui, répondit-il, il y a le pays, il y a la religion. Le pays s'appelle les États-Unis, la religion, la religion catholique.

— Et alors ?

Alors pour cela on peut se passer d'être Canadien et surtout de parler français.

Je n'ajoutai rien, comprenant que c'était inutile de discuter avec un homme dont les convictions étaient faites. Je restai pensif quand j'eus quitté la demeure de Jean Faiscier. Ignorant, à cette époque déjà lointaine, le premier mot de la question franco-américaine, je me disais cependant : « Il y a quelque chose qui choque dans le raisonnement de cet homme ».

On a beau adopter un pays étranger pour le sien, lui être loyal, dévoué même, rien n'empêche de rester ce que nous a fait une longue lignée d'aïeux. Le sang qui coule dans mes veines, ma langue, mes affections ataviques, l'histoire, les traditions de ma race, la mentalité qui s'y rattache, la générosité chevaleresque qui la caractérise, jusqu'à son génie qui fait que toujours la France sera en quelque sorte le cerveau du monde, tout cela ne constitue-t-il pas un héritage que je dois transmettre intact à mes descendants ?

Mes arrière-neveux n'auront-ils pas le droit de
maudire ma mémoire si je brise en ma personne le chaînon
qui aurait pu les rattacher à la nouvelle comme à la vieille
France.

Plus je me raisonnais, plus l'étrange personnalité de
Jean Faiscier, tout imbue d'utilitarisme, me donnait sur
les nerfs. Eh bien, oui, malgré son état de fortune assez
enviable, j'étais tenté de lui préférer Michel Portelance,
une autre de mes connaissances de Worcester, qui occupait
un simple *tenement*, avec sa nombreuse famille, dans un
des quartiers ouvriers de la grande ville industrielle.

Michel Portelance, lui, était Canadien, comme on
dit, jusqu'au bout des ongles. La paroisse, l'église,
l'école, tout cela était buriné dans son cerveau qu'envelop-
pait un crâne de descendance bretonne. Aussi, jamais
Michel ne tirait de l'arrière quand on faisait appel à sa
générosité pour les œuvres paroissiales.

Il s'était fait une idée que, pour rester catholiques
aux États-Unis, il fallait que ses enfants demeurassent
français de cœur et de langue.

Sans trop savoir le pourquoi et le comment, il en était
venu à cette conclusion. Il en avait assez vu, disait-il,
quand il était dans l'État de New-York.

Sa femme lui ressemblait. C'était l'un des piliers
de la paroisse encore jeune de Notre-Dame de Worcester.
Bazars de charité, soirées d'amusements, parties de cartes,
ventes de billets, rien ne lui échappait ; elle en était l'âme
et l'organisatrice. Aussi, la nouvelle paroisse lui devait,
en bonne partie, sa prospérité. Michel Portelance et sa
digne épouse ne se contentaient pas d'envoyer leurs
enfants à l'école canadienne, ils voulaient encore du
français dans la maison.

Quand un enfant se permettait à table, par exemple,
de demander, en langue d'Albion, un mets quelconque.
La réponse était invariable : « Nous n'avons rien de cela
ici ». Et le malheureux s'en passait bel et bien.

Michel Portelance n'était pas un érudit, loin de là.
Par conséquent, les hauts faits de nos ancêtres lui étaient
plus ou moins inconnus. Seulement, il avait ouï dire,
et il l'avait retenu, que, de tous les peuples réunis dans

la grande république, il n'en était pas un seul qui pût l'emporter, par la noblesse et la gloire, sur le peuple français. Cela avait suffi pour lui faire porter la tête haute dans les rues de Worcester.

Ayant entendu un patron, pour qui il travaillait, travestir un jour, son nom très significatif en un baragouin saxon quelconque, il alla trouver ce monsieur et dit dans la propre langue de ce dernier : « Mon nom est Portelance comme celui de Washington est Washington, tâchez de vous en servir comme je me sers de celui de votre premier président. »

J'ai toujours considéré Michel Portelance comme un héros, bien obscur, si vous voulez, mais un héros tout de même. Il me faisait penser aux premiers colons qui vinrent sous Champlain se fixer au Canada. Il y avait chez lui la même tenacité, la même intrépidité. S'attaquer aux forêts du Nouveau-Monde pour y fonder une France nouvelle ou s'attaquer aux mille et un obstacles qui s'opposent à l'érection de paroisses franco-américaines, n'est-ce pas un peu la même chose ?

Honneur donc à Michel Portelance et à ceux qui lui ressemblent.

Depuis que j'ai reçu l'hospitalité dans la somptueuse demeure de Jean Faiscier, les temps ont marché. Écoutant la voix de Dieu, je suis devenu l'un de ses ministres, très indigne, peut-être, mais enfin l'« un de ses ministres. » J'ai habité les États-Unis durant plusieurs années et, sans me vanter, je crois avoir fait, avec le Père Hamon, le travail le plus complet sur la condition de la race française aux États-Unis. Mes recherches m'ont permis d'en venir à la conclusion, passée en proverbe maintenant : « La langue, gardienne de la Foi. »

Les statistiques fournies par le chanoine Gignac sur Ontario et celles publiées dans mon livre : « Histoire de la race française aux États-Unis », établissent d'une manière indiscutable que les catholiques de langue anglaise, tant du Canada anglais que des États-Unis, sont soumis à un drainage désastreux par les mariages mixtes, pour la raison bien simple que n'étant pas protégés par un idoime isolateur, ils subissent l'influence de milieux protestants ou infidèles.

La paroisse canadienne et les écoles du même nom aux États-Unis sont donc les châteaux forts de notre croyance. Aussi, faut-il se réjouir quand les journaux nous annoncent que nos compatriotes américains viennent enfin de réussir à former de nouveaux groupes ethniques connus sous le nom de paroisses.

A mon humble avis, ceux qui s'occupent de la question franco-américaine comme aussi de celle des nôtres de l'Ontario et de l'Ouest canadien, ne peuvent mieux faire que de favoriser l'éclosion de ces cellules nationales.

Les Jean Faiscier qui s'opposent à l'érection de nouvelles congrégations canadiennes-françaises, sous un prétexte ou sous un autre, ou qui découragent les généreux efforts des Michel Portelance font une œuvre néfaste dont les terribles effets se dresseront contre eux au tribunal de Dieu. Grâce à eux, l'élément français noyé dans le grand tout américain ou canadien anglais, ne peut que sombrer plus ou moins vite au point de vue religieux.

Tout ne sera peut-être pas perdu évidemment, mais peu s'en faut.

La preuve ? direz-vous.

La preuve, elle est dans les statistiques éloquentes, auxquelles je viens de faire allusion, statistiques qui n'ont jamais été réfutées et qui ne peuvent l'être, statistiques qui établissent une proportion effrayante de mariages mixtes dans les paroisses de langue anglaise 40%, 50% jusqu'à 60%.

La preuve, elle est dans cette espèce d'éloignement du Canadien pour l'église qui n'est pas son église à lui, absolument semblable à celle qu'il a fréquentée sur les bords du Saint-Laurent.

La preuve, enfin, elle est dans les faits, soit au Vermont, soit dans l'État de New-York, soit dans les grandes villes comme Boston et New-York, soit surtout dans les États de l'ouest américain, ces vastes nécropoles de notre nationalité, qui prouvent à l'évidence que l'assimilation faite au détriment des nôtres ne grossit guère les rangs des catholiques de langue anglaise. En voulez-vous un exemple entre mille ? Écoutez.

Revenant d'Europe en 1911 ou 12, je causais durant les longues heures de la traversée avec le vicaire général du diocèse de Saint-Joseph situé dans le Kansas, je crois.

Saint-Joseph, lui dis-je, un jour, ce diocèse n'est-il pas d'origine française ?

—- Sans doute, ses premiers missionaires et même ses premiers fidèles furent presque tous des Cn adieus.

— Et, maintenant, combien reste-t-il de catholiques de langue française en cette région ?

— Ma foi, je n'en connais pas un seul.

— Vous n'avez donc pas de paroisse canadienne en ce diocèse qui fut d'abord canadien ?

— Il n'y en a jamais eu à ma connaissance et je suis âgé de cinquante-deux ans.

— Mais, enfin, mes compatriotes qui sont si prolifiques n'ont pas dû disparaître de cette partie du Kansas comme le brouillard au soleil du matin ?

— Non pas, répondit le vicaire général, je crois que leurs descendants y sont très nombreux, mais ils ne sont plus catholiques.

« Quand le roi avait bu, disait-on autrefois, la Pologne était ivre. »

Ce vieux dicton malheureusement s'applique à plusieurs des nôtres. Parce que la paroisse où l'on vit, la charge que l'on occupe, etc., nous donnent un certain degré de satisfaction, nous nous imaginons facilement qu'il en doit être ainsi dans les trente et quelques états de l'Union américaine. Limitant ses aspirations aux étroits horizons qui entourent sa petite personne, l'un dit : « Vogue la galère ! Il y en aura toujours assez pour ma vie durant. Après moi, le déluge ! » L'autre, instruit par l'expérience de ceux qui l'ont précédé dans une fonction publique, s'écrie : « Usons avec prudence du gros fromage que nous ont préparé nos devanciers. Faisons ni bien ni mal, c'est le moyen d'être inattaquable. »

Et l'on s'endort, et la terre continue de tourner sans que l'on s'émeuve le moins du monde.

Il y a cinq ans, je faisais, à Paris, au nom du Parler français de Québec, et cela de concert avec mon ami Gustave Ziedler, poète bien connu de Versailles, une campagne de propagande auprès des meilleurs écrivains de la ville-lumière. Il s'agissait de révéler, à toutes ces fortes têtes de la grande capitale, l'existence d'une France d'Amérique tant celle du Canada que des États-Unis, leur prouver sa vitalité et leur faire connaître surtout les obstacles qui nuisaient à son expansion. Tout alla bien durant deux mois. Déjà, nous avions enrôlé sous notre bannière une cinquantaine de journalistes, de publicistes, parmi lesquels des académiciens. Les articles de journaux et de revues devaient se succéder, à de brefs intervalles, en notre faveur et aller porter la lumière dans toute la France, voire même, jusqu'aux abords du Vatican.

De fait, la levée de bouclier eut lieu quelques jours plus tard et, durant trois ou quatre mois, jusqu'au commencement de la guerre, ce fut un admirable mouvement d'ensemble, un formidable assaut déclanché, sur les rives de la Seine, contre tous les francophobes du Nouveau-Monde. A tel point que les grands apôtres de l'assimilation, ceux-là qui avaient élaboré son programme et réussi à endoctriner l'abbé Klein et Paul Bourget, s'en émurent et commencèrent à se demander avec inquiétude quel cataclysme menaçait leurs rêves ultra américains.

Tout juste à ce moment, j'allai rendre visite à M. Leau, de Paris, rue Denfer-Rochereau no 83, l'un des ardents champions de notre cause.

Ce Monsieur dont je n'oublierai jamais l'aimable hospitalité, après le déjeuner, me conduisit dans son bureau et, ouvrant un tiroir, il en sortit une lettre venant des États-Unis :·

« Voici la réponse, me dit-il, d'une de vos grandes sociétés canadiennes à laquelle je me suis adressé pour obtenir des renseignements sur les conditions faites aux Canadiens dans la république américaine. ».·

Cette lettre écrite à l'un des représentants du Parler français de Québec renfermait à peu près ceci :

« Monsieur,

Je regrette de ne pouvoir vous communiquer les renseignements demandés. La Société, dont je suis l'interprète, pour des raisons qu'elle seule peut apprécier, préfère garder le silence en cette matière et ne pas s'exposer aux désagréments que pourrait lui causer une autre ligne de conduite. »

Je n'insiste pas. Une telle prudence manifestée par cette société dépasse mon faible entendement.

Après cela tirons l'échelle.

Mais, il est temps de revenir à Jean Faiscier. Le temps de l'opulence est parfois de courte durée et l'avenir nous réserve bien souvent des surprises. Tel fut le cas de notre héros.

Il n'y a pas longtemps, me trouvant dans l'Ouest en visite chez un ami, je reçus l'invitation suivante: « Il y a ici dans la ville un homme qui vous connaît et veut vous voir. Il est mourant. »

Je me rendis en toute hâte à l'adresse désignée. Une femme, que je ne reconnus pas, m'introduisit dans une chambre où gisait un vieillard.

Ce dernier me tendit une main décharnée et me dit d'une voix mourante : « Je vous ai connu autrefois.

— Mais qui êtes-vous donc ?

— Vous ne me reconnaissez pas ? Vous êtes venu chez moi à Worcester.

— Jean Faiscier ? lui dis-je.

— Oui. Les choses ont bien changé depuis la dernière fois que nous nous sommes vus. »

Je me remis de ma surprise et me rappelant que j'étais prêtre, je lui parlai de Dieu, son Créateur, son Rédempteur, son Maître et son Juge.

Quand je sortis de la chambre du malade, je trouvai la famille réunie dans une salle attenante.

Il y avait là, outre la femme, six enfants encore vivants quatre filles et deux garçons, tous mariés.

L'introduction eut lieu naturellement, des gendres et des brus tous présents :

« Monsieur un tel... ??? Hollandais.
« Monsieur un tel... ??? Suédois.

Monsieur un tel...??? Norvégien.

« Monsieur un tel...??? Juif.

Ma femme—

Elle est ?

Allemande.

Ma femme

Elle est ?

Danoise.

Je sortis ahuri de cette Babel. Ces gens devaient être tous protestants ou infidèles. Je n'osai poser la question à la famille affligée. D'ailleurs, en cette ville, tous ces gens sont sans religion.

D.-M.-A. MAGNAN, *ptre.*

L'Action française

Organe de la *Ligue des Droits du français*, centre d'action au service de la langue et des traditions françaises au Canada

Paraît le 25 de chaque mois — 48 pages
15 sous la livraison — $1.00 par année
(Specimen gratuit sur demande)

Avec le numéro de janvier 1920 l'*Action française* inaugure sa quatrième année par la publication du premier article d'une série d'études portant comme titre :

COMMENT SERVIR

signée par des écrivains canadiens qui, tour à tour, posent le problème de nos obligations envers la race et de la façon dont chacun, suivant son poste, doit s'en acquitter.

En plus, l'*Action française*, fidèle à son programme,

— publie de nombreux articles inédits des premiers écrivains du pays, qui traitent à fond des questions nationales;
— donne dans sa partie documentaire toutes les principales pièces d'actualité relatives à la question bilingue, aux luttes scolaires, etc.;
— renseigne les uns sur les autres les groupes français d'Amérique;
— garde et défend partout et tout le temps l'héritage sacré des aïeux.

L'année 1918 Série : Nos forces nationales $2.50 franco	Tous les abonnements partent de janvier — $1.00 par année payable d'avance	L'année 1919 Série : Les précurseurs $2.00 franco

⚏ LES LIVRES DU PAYS ⚏

Service de librairie de *l'Action française*

Immeuble LA SAUVEGARDE, Tél. Main 912, MONTRÉAL.
REMISE PAR QUANTITÉS ET POUR ?   ¿ TERCE.

Ligue de Ralliement Français en Amérique

FONDÉE A BOSTON LE 23 JANVIER 1919

Mot d'ordre : "TENE QUOD HABES"

TRACTS DÉJA PARUS:

I — Le Français dans le Connecticut (épuisé)

II — Le Français dans nos Écoles.

III — La Langue Française et le Christianisme.

IV — La Reconstruction Sociale.

V — Le Français dans le New-Hampshire.

VI — Nos Légitimes Aspirations.

VII — Parlons-nous un patois ?

VIII — Des justes limites à l'action de l'Etat.

PUBLIÉS PAR LA

LIGUE DE RALLIEMENT FRANÇAIS EN AMÉRIQUE

DÉPÔT PRINCIPAL AU CANADA

L'ACTION FRANÇAISE, Immeuble « La Sauvegarde », MONTRÉAL.

Lightning Source UK Ltd.
Milton Keynes UK
UKHW010908231118
332790UK00007B/121/P

9 780260 577405